INVESTIR POUR LES ENFANTS

UN GUIDE POUR ENFANTS POUR ÉPARGNER, INVESTIR ET CRÉER DE LA RICHESSE"

Contenu

Introduction à Investir pour les enfants 7
Avantages d'un départ anticipé 8
de l'assistant 9

Concepts financiers de base pour les enfants 15
Qu'est-ce que l'argent ? 15
Épargner ou dépenser 16
Capturer les besoins versus les besoins 16
Prologue à la planification 17
Fixer des objectifs monétaires 20

Apprendre aux enfants à sauver 22
Fixer des objectifs d'épargne 22
Différentes façons d'économiser 23
Le pouvoir de soi multiplie les dividendes ..25
Créer un plan de réserve 26
Utiliser des circonstances courantes pour démontrer les normes d'épargne : 27

Introduction à l'investissement 29
Qu'est-ce qu'investir ? 29

Thèmes centraux : 29

Contraste entre épargne et planification financière 30

Danger et prix 31

Avantages d'une gestion financière efficace 33

Opportunités d'investissement pour les enfants 38

Comptes d'épargne 38

Qu'est-ce que c'est : Les actions représentent une partie de la propriété d'une organisation ....41 .

Qu'est-ce que c'est : Les comptes de dépôt sont des comptes de placement gérés par un adulte pour subvenir aux besoins d'un mineur jusqu'à sa majorité. 43

Qu'est-ce que c'est : Un compte de retraite qui permet le développement en franchise d'impôt d'obligations de paiement supplémentaires. 45

Implication des enfants dans les décisions spéculatives 46

Créer des comptes de placement pour les enfants 47

Étapes pour mettre en place un arrangement 529 : 50

Étapes pour créer un Roth IRA pour les adolescents : 52

Étapes pour créer un fonds commun de placement : 54

Outils et ressources pédagogiques pour enseigner aux enfants comment investir 56

Projets de pupitre d'école 62

Programme éducatif d'éducation monétaire 62

Étapes pratiques pour commencer à investir pour les enfants 63

1. Création d'une société de fonds d'investissement 63

2. Apprenez les idées monétaires de base ..64

3. Recherche et sélection d'opportunités d'affaires 65

4. Ouvrir un dossier d'entreprise 66

5. Faites la spéculation principale 67

6. Spéculations en matière de vérification et d'audit 68

7. Réinvestir les bénéfices 69

8. Passer au mandat 69

9. Renforcer la définition d'objectifs 70

10. Observer les réussites 72

Apprendre aux enfants à être des investisseurs intelligents 73

1. Comprendre les bases d'une planification financière efficace 73

2. Commencez par les reproductions et les jeux 74

3. Soutenir l'exploration et la réflexion décisive 75

4. Fixez-vous des objectifs significatifs 76

5. Montrer l'importance de la tolérance et de la réflexion à long terme 78

6. Différenciation des entreprises 79

7. Vérifiez et vérifiez régulièrement les spéculations 80

8. Apprendre de ses erreurs 81

9. Promouvoir une formation cohérente 82

Inclusion des enfants dans le processus d'investissement 85

1. Investir dans une entreprise technologique 90

Analyse du contexte : 90

2. Économisez quelque chose pour l'école avec la formule 529 91

3. Investir dans un portefeuille différencié .93

4. Bénéfices des erreurs spéculatives 94

Concepts avancés pour les enfants plus âgés et les adolescents 97

1. Risque La procédure du conseil d'administration 97

2. Capital-risqueurs de haut niveau 98

3. Examen spécialisé 99

4. Enquête essentielle 100

5. Gérer l'argent 101

6. Gestion financière efficace, pratique et efficace 102

Responsabilité Sociale des Entreprises (RSE) : 103

Le rôle des parents et tuteurs 105

1. Formation et leadership 105

2. Montrez aux autres comment faire 106

3. Travailler avec un apprentissage impliqué 107

4. Offrir aide et conseils 108

5. Améliorer la gestion financière basée sur la qualité 109

6. Continuer avec l'aide et le mentorat 110

Planifier l'avenir et fixer des objectifs à long terme 112

1. Examen des objectifs monétaires 112

2. Comprendre le pouvoir des dividendes cumulatifs 113

3. Présentation de la prévoyance retraite 114

4. Renforcement du Fonds d'investissement dans la formation 115

5. Présentation des normes à long terme pour la gestion financière 116

6. Suivi des progrès et changement d'objectifs 117

Conclusion 119

Annexe A : Glossaire des termes d'investissement 124

Introduction à Investir pour les enfants

Importance de montrer de l'argent aux adolescents

Enseigner aux enfants l'argent et l'investissement est essentiel à leur littératie financière et à leur réussite future. Comprendre la gestion financière dans tous les domaines de la vie aide à développer de bonnes compétences financières, à prendre des décisions éclairées et à éviter les pièges financiers courants. En apprenant une gestion financière efficace, les enfants peuvent comprendre la valeur de l'argent, l'importance de l'épargne et les avantages de planifier l'avenir.

Avantages d'un départ anticipé

Commencer tôt à gérer sa trésorerie offre d'énormes avantages :

Construire un revenu : À mesure que les enfants grandissent, leur argent devient plus efficace à mesure qu'ils accumulent davantage en constituant une épargne. En fait, même de petits investissements peuvent croître rapidement au fil du temps.

Engagement financier : Une ouverture précoce aux considérations économiques permet aux dirigeants de comprendre des hypothèses spécifiques et de se soucier de la gestion financière.

Sécurité et opportunités : Savoir comment gérer et gérer son argent augmente la confiance en soi et procure un sentiment d'indépendance.

Meilleur cours gratuit : des conseils financiers précoces aident les joueurs à développer une pensée claire et des capacités de réflexion décisive, les préparant ainsi aux futurs défis financiers.

Diagramme de l'assistant

Ce guide vise à vous présenter le monde de l'investissement patrimonial de manière fondamentale, attractive et significative. Vous pouvez imaginer ceci :

- Réflexions de base sur l'argent pour les adolescents : Nous commencerons par les bases de l'argent, notamment l'épargne, les dépenses et la planification.

- Apprendre aux enfants à épargner : Apprenez comment atteindre vos objectifs et les différentes façons d'économiser de l'argent.
- Introduction à la planification financière : comprenez ce qu'est l'investissement, la différence entre l'épargne et la gestion financière, ainsi que les concepts de risque et de récompense.
- Choix théoriques pour les adolescents : explorez divers choix d'investissement adaptés aux adolescents, tels que les comptes bancaires, les actions, les actions et l'épargne partagée.
- Création de comptes à risque pour les adolescents :

découvrez quels comptes à risque sont disponibles pour les adolescents et comment les créer.
- Kits et ressources techniques informatifs : découvrez des livres, des jeux, des applications et des projets qui peuvent enseigner aux enfants l'argent et la gestion de l'argent.
- Étapes réalisables pour démarrer une planification financière efficace : obtenez de l'aide étape par étape sur la façon de démarrer le plus efficacement possible la gestion financière, de la définition d'objectifs à l'achat de votre première action ou de votre premier investissement.

- Préparez les jeunes à devenir de grands financiers : découvrez le développement, la gestion financière à long terme, les différences entre les marchés et les pièges courants à éviter.
- Impliquer les enfants dans le cycle du projet : conseils pour gagner de l'argent, s'amuser, socialiser et comment impliquer les enfants dans des discussions régulières.
- Analyse contextuelle et modèles certifiés : découvrez des cas où de jeunes conseillers financiers ont surmonté une maladie grave et les leçons tirées de leurs expériences.
- Considérations importantes pour les enfants d'âge mûr et

les adolescents : Introduction à des sujets financiers plus complexes pour les enfants d'âge mûr qui sont prêts à améliorer leurs connaissances financières.
- La profession de parent et tuteur : cours sur la manière dont les tuteurs peuvent soutenir et guider leurs enfants sans prendre le contrôle de leur éducation financière.
- Préparation future et détermination des objectifs à long terme : aider à anticiper les dépenses futures et les circonstances critiques qui changent la vie tout en anticipant l'indépendance financière.

Conclusion : Résumer les points clés, recommander une formation financière continue et structurer les étapes qui en découlent.

Segments de référence : fournissez des ressources supplémentaires, un glossaire de termes et des organisations pour soutenir l'apprentissage en errance.

Après avoir terminé ce cours, les enfants auront une connaissance approfondie des bases de la finance et de la gestion financière, leur donnant accès à l'éducation financière et à la liberté.

Concepts financiers de base pour les enfants

Qu'est-ce que l'argent ?

L'argent liquide est un instrument que nous utilisons pour acheter du travail et des biens. Il peut se présenter sous diverses formes, comme des pièces de monnaie, des billets de banque ou de la monnaie numérique. Comprendre la trésorerie est l'étape la plus importante pour savoir comment la gérer avec succès. **Voici quelques points clés** :

Moyens de paiement : L'argent liquide est utilisé pour acheter des choses que nous voulons et dont nous avons vraiment besoin.

Réserve de valeur : L'argent conserve sa valeur sur le long terme et nous permet d'économiser pour de futurs achats.

Unité d'enregistrement : la monnaie fournit une proportion standardisée de la valeur réelle, ce qui facilite la comparaison des prix de différents objets.

Épargner contre dépenser

Pour gérer soigneusement votre trésorerie, il est important de connaître la différence entre épargner et dépenser.

Dépenses : C'est lorsque vous dépensez de l'argent pour acheter du travail et des produits. Même si les dépenses sont nécessaires pour répondre à des besoins tels que la nourriture et les vêtements, elles peuvent également l'être pour des besoins tels que les jouets et les divertissements.

Épargner : Épargner, c'est économiser de l'argent pour plus tard. Cela aide à constituer un coussin financier et à atteindre des objectifs plus ambitieux.

Comprendre les besoins par rapport aux besoins

L'identification des besoins et des exigences permet de se concentrer sur les dépenses.

Besoins : Ce sont les choses de base nécessaires à la survie, comme la nourriture, un abri, des vêtements et des soins médicaux.

Besoins : Ce sont des choses superflues dont nous voulons mais dont nous pouvons nous passer, comme les jouets, les jeux et les divertissements.

Prologue à la planification

La planification est un plan sur la façon de dépenser et d'économiser de l'argent. Cela aide à gérer efficacement les finances.

- Paiement : espèces que vous recevez, comme un transfert ou des cadeaux.
- Dépenses : l'argent que vous dépensez pour les nécessités et les besoins.
- Fonds de réserve : espèces que vous mettez de côté pour une date ultérieure.
- Voici un moyen simple de créer un plan financier :

- Suivez les salaires : répertoriez toutes les sources d'argent.

- Suivez vos dépenses : répertoriez toutes les façons dont vous dépensez votre argent.
- Fixez-vous des objectifs d'économie d'argent : déterminez combien d'argent vous souhaitez économiser.
- Élaborez un plan : répartissez une partie de vos revenus entre différents objectifs de dépenses et d'épargne.
- Le pouvoir d'accumuler de l'argent
- La création de revenus est un concept puissant qui peut aider l'argent à fructifier au fil du temps.

- Prime simple : prélevée sur le montant initial (tête).

- Revenu accumulé : acquis à la fois par la tête et par les intérêts ajoutés au fil du temps.
- Par exemple, si vous économisez 100 $ chaque année avec un taux d'intérêt de 5 % :

- Année 1 : Vous gagnez 5 $ d'intérêts, ce qui porte votre solde total à 105 $.
- Année 2 : Vous gagnez des intérêts sur 105 $, soit 5,25 $, soit un total de 110,25 $.
- Année 3 : Vous gagnez des intérêts sur 110,25 $, soit 5,51 $, soit un total de 115,76 $.
- Comme vous pouvez le constater, plus vous réalisez

de ventes, plus vite vous obtenez votre argent.

Fixer des objectifs monétaires

Fixer des objectifs financiers aide à gérer efficacement son argent et à rester motivé.

Objectifs actuels : objectifs que vous devez atteindre dans au moins un an, par ex. Par exemple, mettre quelque chose de côté pour un jouet ou un jeu.

Objectifs à moyen terme : objectifs que vous devez atteindre dans un délai de 1 à 5 ans, par ex. B. mettre de côté quelque chose pour un vélo ou un voyage.

Objectifs à long terme : objectifs qui prendront plus de 5 ans à atteindre, par ex. Par exemple pour mettre quelque chose de côté pour l'école ou une voiture.

Encouragez les enfants à se fixer des objectifs intelligents :

Explicite : décrivez clairement ce que vous souhaitez réaliser.
Quantifiable : assurez-vous de pouvoir suivre votre développement.
Réalisable : fixez-vous des objectifs significatifs.
Significatif : assurez-vous que l'objectif compte beaucoup pour vous.
Limité dans le temps : fixez une date limite pour atteindre l'objectif.
En comprenant ces concepts financiers de base, les enfants peuvent développer des forces qui leur permettront plus tard de gérer judicieusement leur argent et de

prendre des décisions financières judicieuses.

Apprendre aux enfants à épargner

Fixez-vous des objectifs d'épargne

Fixer des objectifs d'épargne est un excellent moyen d'enseigner aux enfants l'importance de l'épargne et de la gratification différée. Voici comment vous pouvez aider vos enfants à se fixer des objectifs d'épargne efficaces :

Identifiez l'objectif : aidez votre enfant à choisir quelque chose pour lequel il épargnera, comme un jouet, un livre ou une expérience comme une visite à une foire.

Déterminez le coût : découvrez combien coûte l'objectif et discutez-en avec votre enfant.

Établissez un calendrier : déterminez combien de temps il vous faudra pour vous engager à atteindre l'objectif tout en déterminant combien d'argent vous pouvez économiser régulièrement.

Décomposez-le : calculez combien vous devez économiser chaque semaine ou chaque mois pour atteindre l'objectif selon le calendrier idéal.

Modèle : Pour y parvenir en deux mois, ils doivent économiser 10 $ par mois ou 2,50 $ par semaine.

Différentes façons d'économiser

Montrez aux enfants différentes façons d'économiser de l'argent, en mettant l'accent sur les approches traditionnelles et modernes :

- Fournitures : Un moyen simple et viable pour les jeunes enfants de commencer à épargner. Encouragez-les à

mettre une partie de l'argent de leur récompense ou de leur cadeau dans une réserve.
- Pots d'argent : utilisez plusieurs pots étiquetés à des fins différentes (par exemple, épargner, dépenser, donner). Cela aide les enfants à visualiser leurs objectifs d'épargne.
- Comptes de placement : Pour les enfants plus âgés, l'ouverture d'un compte bancaire peut être un excellent moyen d'en apprendre davantage sur les revenus et les opérations bancaires. Parlez de la façon dont les banques gardent l'argent en sécurité et comment elles versent les revenus de l'épargne.

Le pouvoir de soi multiplie les dividendes

Expliquez le concept de dividendes auto-réplicatifs suffisamment clair pour que les enfants puissent comprendre :

Modèle simple : disons que vous économisez 100 $ dans une banque qui propose un taux d'intérêt annuel de 5 %, puis après un an, vous disposerez de 105 $. L'année suivante, ils gagnent des intérêts sur 105 $, en plus des premiers 100 $.

Guides visuels : utilisez des graphiques ou des mini-ordinateurs en ligne pour montrer l'évolution de la trésorerie au fil du temps à mesure que les ventes augmentent.

Modèle : Économisez 100 $ par année à un taux d'intérêt de 5 % :

Année 1 : 100 $ + 5 $ (intérêts) = 105 $
Année 2 : 105 $ + 5,25 $ (intérêts) = 110,25 $
Année 3 : 110,25 $ + 5,51 $ (intérêts) = 115,76 $

Créer un plan d'épargne

Aidez votre enfant à atteindre ses objectifs en élaborant un plan d'épargne :

Fixez-vous un objectif : déterminez ce pour quoi vous mettez de côté et combien vous en avez besoin.

Créez un calendrier : décidez quand l'objectif sera atteint.

Fixez des engagements : décidez combien d'argent vous souhaitez économiser sur une base régulière (semaine par semaine, mois par mois).

Suivez les progrès : tenez un journal d'épargne ou utilisez un plan pour suivre la progression de votre épargne.

Permettre des économies constantes

La cohérence est essentielle pour développer de bonnes habitudes d'épargne. Voici quelques conseils pour soutenir l'épargne régulière :

Engagements réguliers : aidez les participants à développer l'habitude quotidienne d'épargner une partie de leurs envois de fonds ou de leurs revenus.

Doubles engagements : suggérez de doubler leurs fonds d'investissement pour fournir une inspiration supplémentaire.

Observez les réalisations : Célébrez lorsque vos enfants réalisent certaines réalisations pour les garder motivés.

Montrer à travers de vraies rencontres

Utilisez les circonstances quotidiennes pour démontrer les normes d'épargne :

Sorties shopping : lorsque vous faites vos courses, comparez vos besoins et mettez quelque chose de côté pour répondre à vos besoins.

Objectifs d'épargne familiale : Incluez les enfants dans les objectifs d'épargne familiale, tels que : Par exemple, envisagez d'épargner pour des vacances afin de leur montrer l'importance de contribuer à des objectifs communs.

Acquisition d'opportunités potentielles : Encouragez les enfants à gagner de l'argent grâce à un emploi, à la garde d'enfants et à de petits travaux, et conseillez-leur d'économiser une partie de leurs revenus.

En apprenant à vos enfants à épargner en utilisant ces stratégies, vous pouvez les aider à bâtir une base solide pour leurs engagements financiers et leur montrer la voie à suivre pour atteindre leurs objectifs financiers.

Introduction à l'investissement

Qu'est-ce qu'investir ?

Épargner consiste à utiliser de l'argent pour acheter des actifs dans l'espoir que leur valeur augmentera avec le temps, générant ainsi un profit. Contrairement à l'épargne, qui consiste à économiser de l'argent et à gagner une petite somme d'argent, l'investissement vise à accroître la richesse grâce à divers instruments financiers.

Thèmes centraux :

Potentiel de croissance : les investissements peuvent être très performants à long terme et offrir des rendements plus élevés que les comptes de placement traditionnels.

Types d'investissements : les types courants comprennent les actions, les titres, les fonds communs de placement, l'immobilier, etc.

Différence entre épargne et planification financière

Il est important de comprendre la différence entre épargner et déposer :

Sauvegarder:
L'accent est mis sur la protection du capital.
Cela signifie généralement sécurité et rendements inférieurs.
Convient à des fins à court terme et comme réserve de crise.
Modèles : comptes bancaires, billets de magasin (CD).
Gestion financière efficace :
Plans de développement du capital à long terme.

Cela signifie un risque plus élevé et des rendements attendus plus élevés.

Convient aux objectifs à long terme tels que les études, la retraite ou l'achat d'une maison.

Modèles : actions, titres, biens communautaires, terrains.

Risque et prix

Donner régulièrement signifie un équilibre entre bonheur et récompense. Voici comment expliquer ce concept aux enfants :

Risque : La possibilité qu'un investissement perde de la valeur. Les investissements à risque plus élevé peuvent entraîner des pertes plus importantes, mais offrent également la possibilité de rendements plus élevés.

Récompense : le bénéfice potentiel d'un investissement. Des récompenses plus élevées s'accompagnent généralement d'enjeux plus élevés.

Guide pour comprendre l'opportunité et le prix :

D'accord, investir : un compte bancaire peut offrir un taux d'intérêt annuel de 1 %. Le risque de perdre de l'argent est très faible, mais le rendement est également faible.

Spéculation à haut risque : l'achat d'actions dans une nouvelle entreprise pourrait rapporter un rendement de 15 %, mais il existe en même temps une possibilité que l'entreprise fasse faillite et que l'argent investi soit perdu.

Avantages d'une gestion financière efficace

Familiariser les employés avec les avantages d'une planification financière efficace pour les inciter à prendre un départ ambitieux :

- Augmentation des rendements : Réinvestissez les bénéfices pour générer plus de revenus sur le long terme.
- Anticiper l'expansion : la spéculation dépasse souvent le rythme de l'expansion, protégeant et augmentant ainsi le pouvoir d'achat.
- Atteindre vos objectifs financiers : faire un don peut vous aider à atteindre des objectifs à long terme, comme acheter une voiture, financer

des études universitaires ou épargner pour la retraite.
- Idées simples de spéculation pour les jeunes
- Commencez par des idées de spéculation de base qui sont simples :

- Actions : Lorsque vous achetez une action, vous possédez une petite partie d'une entreprise. Lorsque l'entreprise se porte bien, la valeur des actions augmente.
- Titres : Lorsque vous achetez un titre, vous prêtez de l'argent à une organisation ou à un gouvernement qui vous remboursera avec une prime.
- Actifs communs : un actif commun regroupe l'argent de plusieurs investisseurs pour

acheter une plus large gamme d'actions et d'obligations.
- Modèle de bon sens : acheter une action

Voici un guide étape par étape pour acheter une action :

Choisissez une organisation : Choisissez une organisation bien connue que l'enfant connaît tout, comme Disney ou Apple.

Recherche : examinez comment l'entreprise gagne de l'argent et quels sont ses résultats dans le passé.

Acheter une transaction : clarifiez comment vous pouvez acheter une partie des actions de la société via un fonds du marché monétaire.

Surveiller l'entreprise : suivez régulièrement l'évolution du cours des actions et examinez tout changement de valeur.

Commencez petit et progressez progressivement

Encouragez les enfants à commencer petit et à progresser lentement :

Paper Trading : pratiquez le trading d'actions sans argent réel pour comprendre le fonctionnement du marché.

Documents de garde : Ouvrez un fonds monétaire où vous gérerez les investissements jusqu'à ce que l'enfant soit assez grand.

Ressources pédagogiques : utilisez des livres, des applications et des jeux qui enseignent aux enfants comment gérer efficacement leur argent.

En enseignant ces concepts d'une manière simple et compréhensible, les enfants peuvent commencer à comprendre l'importance et les avantages de la gestion financière, jetant ainsi les bases d'un avenir financièrement intelligent.

Opportunités d'investissement pour les enfants

Comptes d'épargne

Qu'est-ce que c'est : Un compte bancaire est un endroit sûr pour stocker de l'argent liquide et est généralement proposé par les banques et les coopératives de crédit.

Comment ça marche : Les liquidités détenues génèrent des revenus après un certain temps.

Avantages : D'accord, facilement accessible et constitue une bonne introduction au concept d'attraction de l'intérêt.

Inconvénients : Les taux d'intérêt des prêts sont généralement bas par rapport aux autres options d'investissement.

Modèle:

Intérêts du prêt : Si un compte bancaire offre un taux d'intérêt annuel de 1 %, un dépôt de 100 $ passera à 101 $ en un an.

Authentifications de stockage (disque) :

Qu'est-ce que c'est : Un CD est un investissement de temps qui garantit de l'argent pour une période déterminée allant de quelques mois à plusieurs années.

Voici comment cela fonctionne : en échange du fait de ne pas avoir accès à l'argent pendant la durée du prêt, les banques proposent des taux d'intérêt plus élevés que ceux d'un compte bancaire normal.

Avantages : Des coûts d'emprunt plus élevés, d'accord.

Inconvénients : Pénalités pour sortie anticipée, moins d'adaptabilité.
Modèle :

Durée : Pour un CD de 2 ans avec un taux d'intérêt de 2 %, un investissement de 100 $ passe à 104,04 $ à la fin de la durée.

Ficeler

Contour:

Qu'est-ce que c'est : Les obligations sont des prêts accordés à des entreprises ou à des gouvernements qui sont remboursés avec intérêts au fil du temps.

Voici comment cela fonctionne : lorsque vous achetez un titre, vous empruntez de l'argent en échange de paiements de primes occasionnels et de la réception de la valeur attendue de l'obligation au fur et à mesure de son évolution.

Avantages : Paiements d'intérêts continus, risque moindre par rapport aux actions.

Inconvénients : Possibilité de rendement inférieur, risque de frais de prêt.

Modèle:

Versements de prime : Une obligation de 100 $ avec des frais financiers annuels de 3 % rapporte 3 $ par an.

Actions

Contour:

Qu'est-ce que c'est : Les actions représentent les actions de propriété dans une entreprise.

Voici comment cela fonctionne : lorsque vous achetez des actions, vous possédez une petite partie de l'entreprise et pouvez gagner de l'argent grâce aux bénéfices et à l'enthousiasme suscité par la valeur des actions.

Avantages : Potentiel de rendements et de bénéfices importants.

Inconvénients : risque plus élevé, la valeur peut varier.

Modèle:

Croissance des actions : L'achat d'une action d'une entreprise pour 50 $ qui passe à 60 $ en un an génère un bénéfice de 10 $ par action.

Actifs partagés et ETF

Contour:

Qu'est-ce que c'est : Les fonds communs de placement et les ETF mettent en commun l'argent de plusieurs investisseurs pour investir dans une gamme plus large d'actions, d'obligations ou d'autres titres.

Comment ça marche : Sous la supervision d'experts, ces actifs répartissent les risques entre diverses spéculations.

Avantages : amélioration, gestion compétente.

Inconvénients : Les frais de conseil, potentiel de rendement modéré.

Modèle:

Expansion : un investissement dans des fonds communs de placement dans des actions technologiques, des actions de soins de santé et des obligations d'État offre une ouverture à de nouveaux marchés et réduit le risque.

Documents de détention (UGMA/UTMA)

Contour:

Qu'est-ce que c'est : Les comptes de garde sont des comptes de placement gérés par un adulte pour subvenir aux besoins d'un mineur jusqu'à ce que l'enfant atteigne l'âge de la majorité.

Comment ça marche : Permet aux mineurs de posséder des actifs gérés par un tuteur jusqu'à ce qu'ils atteignent un certain âge.

Avantages : Variété d'activités, expérience pédagogique.

Inconvénients : Les actifs appartiennent légalement à l'enfant et peuvent affecter les qualifications financières pour l'école.

Modèle :

Croissance des investissements : un rendement d'intérêt de 500 $ provenant d'un compte de dépôt qui croît à un taux moyen de 5 % par an vaut environ 673 $ après cinq ans.

529 plans de réserve scolaire

Contour :

Qu'est-ce que c'est : Évaluez les plans d'épargne avantageux spécialement conçus pour les frais d'études.

Voici comment cela fonctionne : les rentrées d'argent sont exonérées d'impôt et le paiement des frais de formation admissibles est également exonéré d'impôt.

Avantages : Avantages de cotisations expressément destinés aux réserves de formation.

Inconvénients : Pénalités pour les retraits sans instructions, options d'investissement limitées.

Modèle:

Croissance libre d'impôt : Une cotisation annuelle de 2 000 $ à un régime 529 qui croît de 6 % chaque année peut entraîner un investissement énorme pour les frais universitaires sur 10 à 15 ans.

Roth IRA pour les adolescents :

Qu'est-ce que c'est : Un compte de retraite qui permet de développer en franchise d'impôt des obligations d'arriérés d'impôts.

Voici comment cela fonctionne : les enfants ayant un revenu professionnel peuvent également cotiser et les retraits à la retraite sont exonérés d'impôt.

Avantages : Développement hors taxes, adaptabilité pour les fonds de retraite.

Inconvénients : Pénalités en cas de résiliation anticipée, limites d'engagement.

Modèle:

Croissance à long terme : Une cotisation de 1 000 $ à un Roth IRA pour un jeune de 15 ans, gagnant en moyenne 7 % par an, peut augmenter considérablement jusqu'à l'âge de la retraite.

Implication des enfants dans les décisions spéculatives

Informations impliquées :

Jeux de simulation : utilisez des jeux de hasard pour vous entraîner au trading d'actions sans argent réel.

Activités de recherche : Encouragez les enfants à explorer les organisations qui les intéressent et à présenter leurs découvertes.

Surveillance des investissements : aidez les enfants à examiner et à discuter régulièrement des performances de leurs investissements.

En offrant une variété d'options d'investissement et des investissements appropriés, les enfants peuvent apprendre les bases de la gestion financière, comprendre les différents niveaux de risque et développer la capacité de prendre des décisions financières éclairées.

Créer des comptes de placement pour les enfants

Comptes titres (UGMA/UTMA)
Contour:

Qu'est-ce que c'est : Les dossiers de garde en vertu de la loi uniforme sur les cadeaux aux mineurs (UGMA) et de la loi uniforme sur les échanges avec des mineurs (UTMA) permettent aux adultes de gérer les actifs des mineurs jusqu'à ce qu'ils atteignent l'âge adulte.

Voici comment cela fonctionne : Un adulte (administrateur) ouvre et gère le compte de l'enfant. Les fonds appartiennent à l'enfant et lui sont attribués au moment où il atteint l'âge adulte (généralement 18 ou 21 ans, selon les États).

Avantages : Flexibilité dans les investissements (actions, valeurs mobilières, fonds communs de placement), expérience éducative pour l'enfant, allégements fiscaux possibles.

Inconvénients : Les actifs appartiennent légalement à l'enfant et peuvent avoir un impact sur les qualifications financières pour l'école. En cas de transfert, l'enfant a le plein contrôle du patrimoine.

Étapes pour mettre en place un protocole de garde :

Choisissez une institution financière : Choisissez une banque ou un financier qui propose des comptes UGMA/UTMA.

Fournissez des détails : complétez la demande avec les coordonnées de l'aidant et du mineur.

Réservez le dossier : Économisez de l'argent sur le dossier pour commencer une planification financière efficace.

Choisissez des investissements : Choisissez des options d'investissement judicieuses telles que des actions, des titres ou des actifs communs.

Surveiller et faire : Vérifiez toujours la performance du document tout en impliquant l'enfant.

529 plans de fonds d'investissement scolaire

Contour:

Qu'est-ce que c'est : Un plan 529 est un plan d'épargne à impôt différé conçu pour encourager l'épargne pour les dépenses d'études futures. Voici comment cela fonctionne : les dépôts sont exonérés d'impôt et les retraits pour les frais de formation admissibles sont également exonérés d'impôt.

Avantages : Avantages fiscaux, limites d'investissement élevées, le contrôle des finances reste entre les mains du titulaire du compte (généralement la société mère).

Inconvénients : pénalités pour retraits non qualifiés, options d'investissement limitées en fonction du plan de l'État.

Étapes pour mettre en place un accord 529 :

Plans de recherche : comparez 529 plans de différents États pour trouver la meilleure option.

Ouvrir un compte : Remplissez la demande en ligne ou via une institution financière.

Enregistrement de réserve : déposez un montant initial et configurez des paiements standard.

Choisissez des investissements : choisissez parmi les options d'investissement du package, qui comprennent souvent des portefeuilles basés sur l'âge et des options statiques.

Examen et changement : effectuez régulièrement un examen des dossiers et modifiez les engagements ou les décisions de projet au cas par cas.

Roth IRA pour les adolescents

Contour:

Qu'est-ce que c'est : Un Roth IRA est un compte de retraite qui permet une croissance non imposable des paiements après impôt et est accessible aux mineurs ayant un revenu gagné.

Voici comment cela fonctionne : les engagements sont pris avec des dollars portant intérêt et l'argent fructifie à l'abri de l'impôt. Les retraits à la retraite sont également exonérés d'impôt.

Avantages : Développement en franchise d'impôt, flexibilité pour la planification future de la retraite, le capital peut être utilisé pour des frais de formation admissibles ou pour l'achat d'une première maison.

Inconvénients : pénalités de remboursement anticipé pour les coûts inéligibles, limites d'obligation en fonction des revenus perçus.

Étapes pour créer un Roth IRA pour les adolescents :

Vérifiez les revenus gagnés : Assurez-vous que l'enfant a gagné des revenus (provenant d'activités telles que la garde d'enfants, la coupe, etc.).

Choisissez un dépositaire : un parent ou un tuteur fera office de dépositaire du compte.

Ouvrez un compte : choisissez une fondation financière qui propose des Roth IRA de garde et remplissez le formulaire de demande.

Enregistrer l'entrée : Déposez jusqu'à concurrence du montant du salaire reçu ou autant que possible (le montant le moins élevé étant retenu).

Choisissez des placements : Choisissez des options de placement adaptées à une croissance à long terme, comme les actions ou les fonds communs de placement.

Enseigner et impliquer : montrez à votre enfant l'importance de l'épargne à long terme et impliquez-le dans le suivi du compte.

Fonds d'investissement

Contour :

Qu'est-ce que c'est : Un fonds commun de placement permet de négocier divers placements tels que des actions, des titres et des fonds communs de placement.

Voici comment cela fonctionne : Un adulte gère le document au nom de l'enfant jusqu'à ce qu'il atteigne l'âge adulte.

Avantages : flexibilité dans les décisions d'investissement, possibilité d'enseigner aux enfants la gestion efficace de l'argent et les marchés financiers.

Inconvénients : suggestions de valorisation possibles, risque plus élevé en raison des fluctuations du marché.

Étapes pour créer un fonds commun de placement :

Choisissez une société financière : Choisissez une société réputée qui propose des documents de garde.

Remplissez la demande : fournissez les informations requises au tuteur et au mineur.

Réservez le dossier : faites des réserves de liquidités pour commencer à gérer votre argent efficacement.

Sélectionner des investissements : sélectionnez une combinaison avancée d'investissements pour constituer le portefeuille.

Réviser et former : Révisez régulièrement le portefeuille et impliquez l'enfant dans les décisions d'investissement.

Fin

La création de plans d'investissement pour les enfants offre une occasion importante de leur enseigner la responsabilité financière, le pouvoir des dividendes auto-multiplicateurs et les avantages de la planification financière à long terme. Commencer tôt aide les enfants à développer des forces pour développer des habitudes qui leur seront utiles jusqu'à l'âge adulte.

Outils et ressources pédagogiques pour enseigner aux enfants comment investir

Livres

« Le problème de l'argent liquide des ours Berenstain » par Stan et Jan Berenstain

Une belle histoire qui montre aux enfants l'importance d'économiser de l'argent et de prendre des décisions judicieuses.

« Le livre d'argent pour tout ce que les enfants » par Brette Sember

Couvre de nombreux sujets financiers, notamment le magasinage, l'épargne, la gestion efficace de l'argent et la planification, dans un cadre adapté aux enfants.

« Construire de l'argent : un guide complet sur la gestion financière pour les adolescents » par Gail Karlitz et Debbie Honig

Un guide simple qui présente les concepts de base en matière d'investissement, notamment les actions, les titres et les fonds communs de placement.

« Le jeune investisseur : projets et exercices pour faire fructifier votre argent » par Katherine R. Bateman

Fournit des projets et des exercices utiles pour aider les gens à apprendre la gestion financière et les finances.

Applications et jeux

PiggyBot

Une application d'épargne virtuelle conçue pour aider les étudiants à atteindre leurs objectifs en matière de bourses et d'épargne.

La frénésie des fonds communs de placement

Une application primée qui enseigne aux enfants comment économiser, dépenser et contribuer grâce à des jeux intuitifs.
Bankaroo

Une banque virtuelle pour les enfants qui enseigne la gestion financière, la planification et l'épargne.
Interaction financière

Un jeu éducatif où les enfants peuvent recréer le trading d'actions et en apprendre davantage sur la bourse.
Actifs en ligne
Enfants PBS - Éducation monétaire

Une sélection de jeux et d'exercices vise à enseigner aux enfants l'argent et la responsabilité financière.
Compétences financières pratiques pour les adolescents

Fournit des exemples de plans, de jeux et d'exercices pour aider les enfants à apprendre les concepts financiers de base.
Investor.gov - Ados

Une ressource de la Securities and Trade Commission (SEC) des États-Unis qui fournit du matériel pédagogique sur la gestion financière et la littératie financière.
Projets et ateliers
Projets de réalisation junior (JA)

Propose des projets engageants pour enseigner aux enfants les affaires, les opportunités d'emploi et l'éducation financière.

Projets d'amélioration des jeunes des 4-H

Propose des programmes éducatifs qui comprennent des cours de littératie financière et de gestion financière.

Clubs des Jeunes Hommes et des Jeunes Dames d'Amérique - Cash Matters

Un programme visant à promouvoir l'engagement financier et la liberté des membres du club âgés de 13 à 18 ans.

Enregistrements et cours en ligne Khan Institute - Divisions Argent et Capital

Cours gratuits sur Internet qui couvrent de nombreux sujets liés à

l'argent, notamment la planification financière et le marché boursier.
Exemples TED-Ed

Des vidéos courtes et engageantes sur une variété de sujets liés à l'argent, y compris les bases d'une planification financière efficace et l'importance de l'épargne.
Encaisser certains enfants

Vidéos et ressources intelligentes conçues pour enseigner aux enfants des compétences en littératie financière.
Exercices en famille
Réunion de planification financière familiale

Impliquez vos enfants dans les discussions sur les finances familiales pour les aider à comprendre leurs objectifs en matière de revenus, de dépenses et d'épargne.

Difficultés du fonds de réserve

Organisez des défis amusants, comme une « course à l'épargne » pour voir qui peut économiser le plus d'argent en un mois.

Club de spéculation

Créez un club d'investissement familial où chacun analyse et suggère une décision d'action ou d'investissement, puis prend une décision sur les investissements en général.

Projets scolaires

Projets de bureau d'école

Travaillez avec les banques de quartier pour établir des

programmes de fonds communs de placement en milieu scolaire où les enfants peuvent ouvrir et gérer des comptes bancaires.

Programme éducatif d'éducation financière

Plaider pour que des cours d'éducation financière soient inclus dans les programmes scolaires pour enseigner aux enfants la gestion financière, l'épargne et la gestion financière.

En utilisant ces outils et ressources, vous pouvez créer une éducation financière attrayante et complète pour les enfants, en leur donnant les connaissances et les compétences dont ils ont besoin pour gérer judicieusement leur argent et investir pour leur avenir.

Étapes pratiques pour que les enfants puissent commencer à investir

1. Créer une institution de fonds commun de placement

Avant de se lancer dans la gestion financière, il est important de disposer d'une base d'investissement solide. Assurez-vous que votre enfant dispose d'un compte bancaire avec une réserve secrète équivalant à quelques mois de dépenses.

Pas :

Ouvrez un compte d'investissement dans une banque ou une coopérative de crédit près de chez vous.

Fixez des objectifs de fonds communs de placement et soutenez les opérations normales.
Montrez l'importance d'économiser une partie de vos gains ou de vos bourses.

2. Apprenez les idées monétaires de base

Avant de commencer à investir, il est important de comprendre les concepts de base de l'argent.

Idées clés :

Prime et accumulation progressive : comment les liquidités peuvent fonctionner à long terme.
Planification : suivi des salaires et des coûts.
Opportunité et profit : Comprendre la relation entre les rendements probables et le niveau de risque.

Actifs financiers :

Utilisez des livres comme « Developing Cash : A Total Money Management Guide for Youngsters » de Gail Karlitz.
Sites Web éducatifs comme Viable Cash Abilities for Youngsters.

3. Recherchez et choisissez les options de capital-risque

Aidez votre enfant à explorer différentes options d'investissement pour comprendre ses risques et les rendements attendus.

Vous pouvez choisir parmi :

Comptes bancaires : D'accord, faible rendement, idéal pour les fonds communs de placement à court terme.

Garanties de prêt (CD) : coûts de financement plus élevés que les comptes bancaires, conditions fixes.
Actions : Potentiel de rendements exceptionnels, risque plus élevé.
Obligations : rendements constants, risque moindre par rapport aux actions.
Classes d'actifs/ETF : portefeuilles avancés avec le soutien d'experts.

4. Ouvrir un dossier d'entreprise

Choisissez le bon type de compte en fonction de l'âge de votre enfant et de vos objectifs de placement.

Types de comptes :

Dossiers de garde (UGMA/UTMA) : gérés par un adulte jusqu'à la majorité de l'enfant.
529 Plan de fonds de réserve scolaire : Évaluation des

dispositions spéciales pour couvrir les frais de scolarité.

Custodial Roth IRA : permet aux revenus gagnés des enfants de croître en franchise d'impôt pour la retraite.

Fonds du marché monétaire : permettent de négocier divers instruments spéculatifs.

Pas:

Choisissez une institution financière ou un financier réputé.

Remplissez la demande d'inscription avec les pièces d'identité et les informations requises.

Stockez l'ensemble de données avec un stockage sous-jacent.

5. Faites la spéculation principale

Commencez petit et incluez votre enfant dans le cycle dynamique.

Pas :

Recherchez ensemble : Enquêtez sur différentes organisations, titres ou actifs.

Choix d'examen : découvrez pourquoi certaines spéculations pourraient être mieux adaptées à vos objectifs.

Effectuer un achat : effectuez l'échange ou l'achat en utilisant la plateforme de votre choix.

Modèle:

Sécurité de l'entreprise : recherchez une entreprise comme Disney ou Apple, achetez quelques actions et surveillez ses performances.

6. Vérifiez et vérifiez les spéculations

Revoir régulièrement la présentation des projets et apporter des modifications au cas par cas.

Pas:

Mettez en place des audits périodiques (mensuels ou trimestriels) pour vérifier réellement l'exécution du projet.
Vérifiez ce qui fonctionne bien et ce qui doit être modifié.
Insistez sur l'importance de la tolérance et de la réflexion à long terme.
Dispositifs:

Utilisez des applications et des sites Web d'actualités financières pour suivre les tendances du marché.

Examinez les relevés bancaires et étudiez tout changement de valeur.

7. Réinvestir les bénéfices
Soutenez l'idée de réinvestir les bénéfices pour bénéficier des intérêts composés.

Pas:

Les bénéfices ou les paiements de primes peuvent être réinvestis dans le compte de spéculation.
Réfléchissez à la manière dont le réinvestissement peut aider l'entreprise à se développer au fil du temps.

8. Procéder au mandat
Continuez à vous mettre au défi pour découvrir comment vous pouvez élargir l'interprétation de votre planification financière et de votre budget individuel.

Actifs financiers :

Livres : continuez à consulter des livres financiers plus avancés au fur et à mesure de leur sortie.

Cours : inscrivez-vous à des cours ou à des studios en ligne sur la gestion efficace de l'argent et de l'argent.

Clubs : rejoignez ou formez un club de spéculation pour explorer des stratégies et apprendre des autres.

9. Renforcer l'établissement d'objectifs

Aidez votre enfant à se fixer des objectifs financiers clairs et réalisables.

Pas :

Objectifs actuels : mettre de côté quelque chose pour un jouet ou un gadget.

Objectifs à moyen terme : Couvrir quelque chose pour votre vélo ou votre voyage scolaire.

Objectifs à long terme : mettre de côté quelque chose pour l'école ou une voiture.

Des buts brillants :

Explicite : décrivez clairement l'objectif (par exemple, économiser 500 $ sur un vélo).

Quantifiable : suivez les progrès vers l'objectif.

Réalisable : assurez-vous que l'objectif a du sens en termes de ratio salaire/capital d'investissement.

Pertinent : assurez-vous que l'objectif est important pour eux.

Limité dans le temps : fixez une date limite pour atteindre l'objectif.

10. Surveiller les succès

Félicitez leurs réalisations pour les encourager et les garder motivés.

Pas :

Reconnaissez quand vous réussissez à épargner.

Parlez de vos découvertes et de leur pertinence par rapport aux objectifs futurs.

Récompensez leurs progrès avec une petite récompense ou des mouvements exceptionnels.

En suivant ces étapes utiles, vous pouvez aider votre enfant à gérer son argent avec soin et à développer des atouts pour son avenir financier.

Apprendre aux enfants à être des investisseurs intelligents

1. Comprendre les bases d'une planification financière efficace

Avant de plonger dans les subtilités de la gestion financière, assurez-vous que vos enfants maîtrisent bien les concepts de base.

Idées clés :

Spéculation : Utiliser des liquidités pour acheter des actifs tels que des actions ou des obligations dans l'espoir que leur valeur augmentera.

Risque et prix : Comprenez que des récompenses potentielles plus élevées s'accompagnent souvent de risques plus élevés.

Expansion : Répartir la spéculation sur différentes ressources pour réduire les risques.

Horizon temporel : durée pendant laquelle une entreprise est détenue avant d'être vendue.

Augmentez les rendements : gagnez des intérêts à la fois sur le montant sous-jacent et sur les intérêts accumulés des périodes passées.

2. Commencez par des reproductions et des jeux

Utilisez des reproductions et des jeux pour rendre l'apprentissage de la planification financière amusant et engageant.

Dispositifs :

Jeu boursier : une expérience informatique où les enfants peuvent pratiquer le trading d'actions sans argent réel.

Jeux prédéfinis : des jeux comme Syndication ou The Round of Life qui proposent des concepts financiers et un enseignement indépendant.

Avantages :

Apprentissage impliqué : Fournit un environnement sûr pour apprendre et faire des erreurs.

Engagement : maintient l'intérêt et la motivation des enfants à s'impliquer davantage dans la gestion efficace de l'argent.

3. Soutenir l'exploration et la réflexion décisive

Apprenez aux enfants à examiner les entreprises possibles et à réfléchir à leurs décisions.

Pas :

Exploration d'entreprises : enquêtez sur les entreprises qui les intéressent. Examiner les produits, les services et la position sur le marché.

Actualités financières : suivez l'actualité et les instructions financières pour comprendre ce que les facteurs externes signifient pour les investissements.

Rapports annuels : L'enquête a examiné les variations des rapports annuels pour mesurer la performance d'une organisation.

Demandes de renseignements à poser :

Comment l'organisation réagit-elle ?
Qui sont ses rivaux ?

Comment l'organisation se présente-t-elle d'une manière nouvelle ?

Quels sont les risques et les avantages d'investir dans cette entreprise ?

4. Fixez-vous des objectifs significatifs

Aider à fixer des objectifs d'investissement réalistes en fonction de leur calendrier et de leur tolérance au risque.

Types d'objectifs :

Objectifs actuels : réalisable dans environ un an, par exemple si vous réservez quelque chose pour un autre appareil.

Objectifs à moyen terme : réalisables en quelques années,

comme réserver de quoi faire un vélo ou un voyage scolaire.

Objectifs à long terme : réalisables sur une période plus longue, par ex. B. remettre quelque chose pour l'école ou une voiture.

Des buts brillants :

Explicite : manifestement caractérisé et centré.

Quantifiable : suivez les progrès à l'aide de normes explicites.

Faisable : Raisonnable compte tenu de leurs atouts et de leurs exigences.

Significatif : Significatif et conforme à leurs penchants.

Limité dans le temps : fixez une date limite claire pour l'achèvement.

5. Montrer l'importance de la tolérance et de la réflexion à long terme

Faire un don n'est pas un système pyramidal. Montrez aux enfants la valeur de la patience et les avantages d'une gestion financière efficace à long terme.

Idées :

Croissance composée : plus la période d'investissement est longue, plus le potentiel de croissance est élevé.

Fluctuations du marché : les fluctuations du marché à court terme sont normales ; se concentrer sur les tendances à long terme.

Gestion financière régulière : L'impact de la volatilité des marchés peut être réduit en investissant régulièrement de

petites sommes au fil du temps (réduction du risque).
Des exercices:

Données vérifiables : affichez des données d'exécution boursière authentiques sur une très longue période pour afficher les performances à long terme.
Histoires spéculatives : proposez des comptes d'investisseurs à long terme prospères tels que Warren Buffett.

6. Différencier les entreprises
Soutenez l'importance des améliorations visant à minimiser les risques et à obtenir des rendements plus stables.

Systèmes :

Nom de la ressource : investissez des ressources dans un mélange de types de ressources (actions, obligations, terres).

Expansion de l'industrie : répartissez vos spéculations dans différents domaines (innovation, services médicaux, finance).

Expansion géographique : investissez dans les secteurs commerciaux nationaux et mondiaux.

Dispositifs:

Fonds communs de placement/ETF : ils offrent une croissance instantanée en mettant en commun l'argent de plusieurs investisseurs pour investir dans différents actifs.

7. Vérifiez et vérifiez régulièrement les spéculations

Grâce à des examens réguliers de l'exécution des investissements, les investisseurs peuvent mieux comprendre l'impact de leurs décisions sur leur portefeuille.

Pas :

Définissez des périodes d'examen : planifiez des enregistrements standard (par exemple mensuels, trimestriels) pour examiner l'exécution du portefeuille.

Examinez les résultats : discutez de ce qui fonctionne bien et de ce qui ne fonctionne pas, et apportez des modifications si nécessaire.

Suivre les progrès : utilisez des outils tels que des feuilles de comptabilité ou des applications pour suivre l'exécution des spéculations et la progression des objectifs.

8. Apprenez de vos erreurs

Les erreurs sont importantes pour l'expérience d'apprentissage. Encouragez les enfants à explorer et à apprendre de leurs erreurs.

Pas:

Reconnaissez les faux pas : jetez un œil aux spéculations qui n'ont pas répondu aux attentes.

Analyser les raisons : examinez ce qui n'a pas fonctionné et pourquoi. Était-ce un mauvais test, la situation économique ou autre chose ?

Techniques de changement : utilisez les exemples que vous avez appris pour prendre de meilleures décisions d'investissement à l'avenir.

9. Permettre une formation cohérente

Donner est une expérience d'apprentissage durable. Encouragez les enfants à continuer à se renseigner sur l'argent et la planification financière.

Actifs financiers :

Livres : continuez à lire les nouveaux livres sur la finance au fur et à mesure de leur sortie.

Cours en ligne : inscrivez-vous à des séminaires sur des plateformes comme Khan Foundation, Coursera ou Udemy.

Studios et cours : participez à des studios et à des ateliers à proximité ou virtuels sur une planification financière efficace.

Points à étudier :

Techniques de spéculation de haut niveau, telles que le trading d'options ou la gestion efficace de l'argent.

Indicateurs monétaires : Comprendre ce que les éléments macroéconomiques signifient pour les entreprises.

Analyse financière : apprenez à lire et à analyser des résumés et des rapports budgétaires.

En intégrant ces ressources, vous pouvez aider les enfants à devenir des financiers intelligents en les dotant des connaissances et des compétences dont ils ont besoin pour prendre des décisions financières éclairées et bâtir une stabilité financière au fil du temps.

Impliquer les enfants dans le processus d'investissement

Impliquer les enfants dans le processus d'investissement est un excellent moyen de leur enseigner la responsabilité financière et l'importance de la planification à long terme. Voici quelques moyens pratiques d'impliquer les enfants dans la gestion financière :

1. Formation et sensibilisation
Commencez par expliquer les bases de l'investissement en termes simples. Aidez les enfants à comprendre des concepts tels que les actions, les valeurs mobilières et la finance générale en utilisant un langage et des modèles adaptés à leur âge.

2. Navigation

Impliquez les enfants dans les décisions d'investissement, par ex. B. pour décider quelles actions ou actifs vous souhaitez acheter. Discutez ensemble des différentes options et encouragez-les à partager leurs découvertes.

3. Projets de recherche
Distribuez des projets de recherche où les enfants peuvent en apprendre davantage sur différentes entreprises ou projets. Demandez-leur de présenter leurs conclusions et d'explorer pourquoi ils pensent qu'un projet particulier est un bon choix.

4. Échange de papier
Créez un compte de trading papier sur lequel les enfants peuvent pratiquer le trading d'actions sans utiliser d'argent réel. Cela leur

permet d'apprendre comment fonctionne la bourse dans un environnement sans risque.

5. Les spéculations suivent
Encouragez les enfants à suivre l'évolution de leurs spéculations au fil du temps. Expliquez-leur comment lire les graphiques boursiers et analyser les rendements de la spéculation.

6. Club de spéculation familial
Créez un club de spéculation familial où chacun peut apporter des idées et poursuivre ensemble des opportunités d'investissement. Cela encourage la collaboration et les efforts partagés tout en enseignant aux enfants une planification financière efficace.

7. Audits réguliers

Planifiez des réunions régulières pour examiner les portefeuilles d'investissement et discuter de tout changement nécessaire. Profitez de ces opportunités pour enseigner aux enfants l'importance de revoir les investissements et d'apporter des changements au cas par cas.

8. Surveiller les succès

Célébrez les réalisations en matière d'investissement, telles que la réalisation d'un objectif d'investissement ou l'obtention d'un rendement spécifique. Cela encourage un comportement positif et encourage les enfants à rester impliqués dans le processus d'investissement.

9. De vraies rencontres

Cherchez des moyens d'apprendre aux enfants à investir dans la vie quotidienne. Par exemple, dites-leur comment l'achat d'actions dans une entreprise fera d'eux des copropriétaires de cette entreprise ou comment économiser de l'argent sur un compte bancaire générera des bénéfices au fil du temps.

10. Questions pour renforcer l'autorité

Encouragez les enfants à poser des questions sur la planification financière et à fournir des réponses éclairées. Utilisez leur intérêt comme une opportunité d'élargir leur interprétation des concepts financiers.

En impliquant les enfants dans le processus du projet dès le début, vous pouvez les aider à développer des compétences et des habitudes importantes qui leur seront utiles tout au long de leur vie.

1. Investissez dans une entreprise technologique

Analyse du contexte :

Organisation : Nous devrions envisager une organisation d'innovation imaginaire appelée TechX.

Création : TechX est l'un des principaux fournisseurs de produits et services techniques innovants.

Investissement : Vous décidez d'acheter des actions TechX parce que vous croyez au potentiel de croissance à long terme de l'entreprise.

Exemple appris :

Recherche : Avant de gérer efficacement votre argent, il est important de faire des recherches sur l'entreprise, ses produits et ses performances financières.

Opportunité et profit : investir dans des actions individuelles comporte des risques, mais offre également la possibilité de rendements exceptionnels si l'entreprise se développe bien.

Perspective à long terme : TechX pourrait être soumis à des fluctuations à court terme, mais si vous croyez en ses perspectives d'avenir, cela vaut peut-être la peine de s'en tenir à l'investissement à long terme.

2. Réservez quelque chose pour l'école avec un arrangement 529

Enquête contextuelle :

Objectif : Votre enfant doit aller à l'école immédiatement.

Comment procéder : Vous décidez d'ouvrir un fonds d'investissement scolaire 529 afin de mettre de l'argent de côté pour vos études scolaires.

Cotisations : Vous versez des cotisations régulières au contrat, qui évolue en franchise d'impôt sur le long terme.

Retraits : Au moment d'aller à l'université, vous pouvez retirer vos actifs en franchise d'impôt pour payer les frais de scolarité admissibles.

Illustration apprise :

Avantages fiscaux : 529 plans offrent des allégements fiscaux, ce qui en fait une option intéressante pour économiser de l'argent pour l'université.

Planification à long terme : Épargner pour les études nécessite une planification à long terme et des engagements prévisibles à long terme.

Flexibilité : 529 plans offrent une flexibilité dans les décisions d'investissement et les changements de bénéficiaires.

3. Investir dans un portefeuille différencié

Enquête contextuelle :

Amélioration : au lieu d'investir dans des actions individuelles, choisissez de constituer un portefeuille élargi.

Répartition des ressources : vous répartissez vos spéculations sur différentes classes de ressources telles que les actions, les obligations et l'immobilier.

Avantages : L'expansion réduit les risques en répartissant la spéculation sur plusieurs ressources.

Surveiller : vous examinez régulièrement votre portefeuille pour vous assurer qu'il reste différencié et conforme à vos objectifs d'investissement.

Exemple appris :

Gestion des risques : L'amélioration est une méthode importante pour surveiller les risques et limiter l'impact des fluctuations du marché.

Répartition des ressources : un portefeuille équilibré contient un mélange de ressources avec différents niveaux de mise et rendements potentiels.

Rééquilibrage : Rééquilibrer occasionnellement votre portefeuille peut vous aider à maintenir une allocation optimale des ressources et à surveiller les risques à long terme.

4. Profiter des erreurs spéculatives
Analyse du contexte :

Erreur de spéculation : investir dans une entreprise sans effectuer de recherches appropriées et perdre de l'argent si le cours des actions de l'entreprise baisse.

Exemple appris : Vous comprenez l'importance d'une exploration minutieuse et du niveau d'effort attendu avant de poursuivre les options du projet.

Changement : vous utilisez cette expérience pour affiner votre stratégie de projet et éviter des malentendus similaires à l'avenir.

Illustration apprise :

Gestion des risques : des erreurs peuvent survenir lors de l'investissement, mais elles fournissent des informations précieuses et d'excellentes opportunités pour développer davantage votre stratégie d'investissement.

Apprentissage continu : la participation est un parcours d'apprentissage continu et de changement basé sur l'engagement.

Polyvalence : Apprendre de ses erreurs et apporter des changements fait preuve de flexibilité et promet des résultats à long terme dans une planification financière efficace.

En utilisant des modèles du monde réel et des études de cas, les investisseurs peuvent mieux comprendre comment les concepts d'investissement s'appliquent dans la pratique et renforcer l'importance de prendre des décisions de gestion financière intelligentes et efficaces.

Concepts avancés pour les enfants plus âgés et les adolescents

Pour les enfants plus âgés et les adolescents qui ont une bonne compréhension des concepts de base de la gestion financière, l'enseignement de points avancés peut élargir davantage leurs connaissances et les préparer à des stratégies d'investissement plus modernes. Voici quelques concepts de base à examiner :

1. Procédures de gestion des risques

Méthodes d'extension :

Allocation des ressources : allouez la spéculation à différentes classes de ressources (actions, obligations, terrains) pour surveiller les risques.

Expansion territoriale : extension des activités dans différents secteurs (technologie, soins de santé, finance) pour réduire la vulnérabilité aux risques spécifiques à la région.

Expansion géographique : investir dans les secteurs d'activité nationaux et internationaux pour atténuer les risques spécifiques à chaque pays.

L'évaluation des risques:

Analyse de volatilité : Détermination de la volatilité d'investissements ou de portefeuilles individuels et recommandations de gestion des risques qui en résultent.

Tests de connexion : examinez la relation entre les différentes ressources pour identifier les opportunités d'amélioration.

2. Capital-risqueurs de haut niveau

Décisions et destins :

Options d'achat et de vente : comprenez comment fonctionnent les contrats d'options et à quels objectifs probables ils servent à soutenir ou à émettre des hypothèses.

Contrats à terme : examiner les mécanismes des contrats à terme et leur fonction dans les domaines des matières premières et de la finance.

Filiales qui échangent :

Transactions : renseignez-vous sur les transactions d'intérêts, les transactions en espèces et les différents types d'accords parallèles.

Transactions sur défaut de crédit (CD) : Comprendre le rôle des CD dans la couverture contre le risque de crédit.

3. Examen spécialisé

Méthodes de représentation graphique :

Points médians mobiles : examen des modèles et du pouvoir de coût à l'aide des points médians mobiles.

Niveaux de support et de concurrence : identification des niveaux de prix clés où des tensions commerciales peuvent survenir.

Relative Strength List (RSI) : utilisez le RSI pour évaluer la force de l'évolution des coûts et identifier les inversions de tendance potentielles.

Exemples de bougies :

Chandeliers japonais : découvrez les conceptions normales de chandeliers et leur importance dans la prévision des tendances des coûts.

4. Enquête essentielle

Enquête sur les rapports financiers :

Explication du salaire : examen des revenus, des coûts et des mesures de performance.

Rapport financier : examen des actifs, des passifs et des coûts pour évaluer la santé financière d'une entreprise.

Explication du revenu : Comprendre les revenus du travail, la gestion efficace de l'argent et les exercices de soutien.

Stratégies d'évaluation :

Constrained Income (DCF) : Évaluation de la valeur intrinsèque d'une organisation en termes de ses bénéfices futurs.

Ratio coût/bénéfice (ratio P/E) : évaluation de la valeur d'une entreprise par rapport à ses bénéfices.

Cost-to-Book Ratio (P/B) : Évaluation de la valeur d'une entreprise par rapport à ses ressources nettes.

5. Gérer l'argent

Bailleurs de fonds pour la recherche sur le cerveau :

Prédispositions et heuristiques : examen des préjugés mentaux naturels et des alternatives mentales qui affectent les décisions d'investissement.

Gestion de l'argent personnel : Comprendre l'impact que des sentiments tels que la peur et la cupidité peuvent avoir sur le succès d'un investissement.

Irrégularités du marché :

Spéculation efficace du marché (EMH) : évaluation fondamentale de la théorie selon laquelle les marchés intègrent efficacement toutes les données appropriées.

Poches d'air et krachs du marché : se concentrer sur les cas prouvables de poches d'air et de krachs du marché et leurs causes cachées.

6. Gestion de l'argent efficace, pratique et efficace

Variables environnementales, sociales et administratives (ESG) :

Intégration ESG : Évaluation des entreprises sur la base de critères écologiques, sociaux et organisationnels ainsi que d'indicateurs économiques.

Impact Gestion financière efficace : investir dans des entreprises ou des actifs destinés à avoir un impact social ou environnemental positif en plus des rendements financiers.

Responsabilité Sociale des Entreprises (RSE) :

Engagement des partenaires : examiner la manière dont les entreprises engagent leurs partenaires et abordent les problèmes sociaux et environnementaux.

En enseignant ces concepts stimulants, les enfants plus âgés et les adolescents peuvent élargir leur compréhension de la gestion efficace de l'argent et développer les capacités de pensée critique nécessaires pour apprendre les marchés financiers complexes. Encouragez-les à approfondir ces sujets à travers des livres, des cours en ligne et des recherches pratiques.

Le rôle des parents et tuteurs

Le rôle des parents et des tuteurs dans l'enseignement aux enfants à gérer efficacement leur argent est essentiel pour jeter les bases d'une littératie financière et promouvoir des habitudes financières efficaces. Voici quelques tâches et devoirs importants :

1. Formation et orientation
Les idées monétaires montrent :

Présentez des concepts financiers importants tels que l'épargne, la planification et la gestion financière.
Comprendre l'importance de la planification à long terme et le pouvoir de lever des capitaux.
Donner des actifs :

Proposez des livres, des ressources en ligne et du matériel pédagogique adaptés à l'âge pour améliorer l'apprentissage.

Soutenir la participation à des projets et à des studios sur le thème de la littératie financière.

2. Montrez aux autres comment procéder

Représentation du comportement monétaire :

Faire preuve d'un comportement compétent en matière d'argent, par exemple dans les domaines de la planification, de l'épargne et de la gestion financière.

Partagez vos expériences personnelles concernant l'argent et la prise de décision.

Impliquez les enfants dans les conversations sur l'argent :

Lorsque vous discutez de planification familiale, pensez à vos enfants pour leur expliquer clairement les revenus, les coûts et les besoins financiers.

Discutez avec vos enfants de décisions financières importantes et de suggestions connexes, comme acheter une maison ou économiser de l'argent pour la retraite.

3. Travailler avec un apprentissage impliqué

Ouverture des records de spéculation :

Aidez les enfants à ouvrir des comptes de garde, des plans d'épargne scolaire ou des fonds du marché monétaire pour commencer une planification financière efficace. Expliquez-leur les méthodes les plus courantes pour explorer la spéculation et prendre des décisions éclairées.

Renforcement de l'entreprise :

Soutenez les entreprises en plaisantant sur le démarrage de petites entreprises ou en explorant des moyens innovants de gagner de l'argent.

Montrez-leur que c'est une affaire d'affaires, qu'il faut prendre des risques et obtenir les récompenses qui viennent avec un travail acharné et une croissance.

4. Offrez de l'aide et des conseils

Offrir de l'aide:

Célébrez les réussites et les réalisations financières pour motiver les enfants à continuer à apprendre et à se développer.

Fournissez des critiques et un soutien productifs lorsque des erreurs sont commises et transformez-les en opportunités de croissance significatives.

Favoriser l'autonomie :

Donnez progressivement à vos enfants plus de responsabilités dans la gestion de leurs finances à mesure qu'ils grandissent et deviennent plus capables.

Encouragez-les à assumer la responsabilité de leur avenir financier et à prendre des décisions éclairées.

5. Améliorer la gestion financière basée sur la qualité

Parlez de valeurs et d'objectifs :

Parlez aux enfants de leurs points forts et des questions qui sont importantes pour eux, comme la durabilité environnementale ou les droits civiques.

Découvrez comment une application pratique peut aligner vos décisions de spéculation sur vos qualités et influencer une gestion financière efficace.

Renforcer la générosité :

Inculquez un sentiment de responsabilité sociale aux enfants en les impliquant dans des dons de bienfaisance et des projets gouvernementaux communautaires. Montrez-leur comment investir dans des entreprises ayant de bonnes pratiques environnementales, sociales et de gestion (ESG) peut produire des résultats positifs.

6. Continuez avec l'aide et le mentorat

Direction longue distance :

Fournir une aide et un soutien continus à mesure que les enfants développent et explorent leurs options financières.

Aidez-les à s'adapter à l'évolution des conditions et des objectifs financiers sur le long terme.

Promouvoir un apprentissage en profondeur :

Développez un amour de l'apprentissage et un intérêt pour l'argent et l'investissement qui perdureront jusqu'à l'âge adulte.

Insistez sur l'importance de rester à jour et de vous adapter à l'évolution des marchés et des opportunités financiers.

En s'engageant activement dans l'éducation financière de leurs enfants et en agissant comme des modèles positifs, les parents et les tuteurs peuvent aider leurs enfants à devenir des dépensiers financièrement compétents, responsables et confiants.

Planifier l'avenir et fixer des objectifs à long terme

Planifier l'avenir et fixer des objectifs à long terme sont des éléments essentiels pour enseigner aux enfants une gestion financière efficace et des connaissances financières. Voici comment les parents et tuteurs peuvent aider les enfants à comprendre l'importance de planifier l'avenir et de se fixer des objectifs réalisables à long terme :

1. Examen des objectifs monétaires
Différencier les besoins :

Asseyez-vous avec les enfants et explorez leurs fantasmes et leurs désirs pour ce qui les attend.

Aidez-les à comprendre la différence entre les objectifs à court, moyen et long terme.
Définir des objectifs judicieux :

Encouragez les enfants à se fixer des objectifs explicites, quantifiables, réalisables, significatifs et limités dans le temps (brillants).
Les exemples incluent épargner pour les études, acheter une voiture, démarrer une entreprise ou avoir une retraite sans souci.

2. Comprendre le pouvoir des dividendes accumulés

Comprendre le développement de composés :

Montrez aux enfants comment épargner et déposer tôt peut conduire à une croissance

significative à long terme en accumulant de l'argent.
Utiliser des modèles et des graphiques pour illustrer l'effet de l'intensification sur la spéculation.
Prévoir un développement à long terme :

Montrez à vos enfants des graphiques ou des calculatrices en ligne qui montrent comment les dépenses régulières peuvent représenter des montants importants au fil des ans.

3. Présentation de la planification de la retraite

Audit des caisses de retraite :

Comprendre le concept de retraite et l'importance de commencer à y mettre de côté tôt dans la vie.

Examinez les fonds d'investissement de retraite, tels que les régimes de retraite assistés par les gestionnaires (par exemple, 401 (k)) et les comptes de retraite individuels (IRA).

Accent sur la vision à long terme :

Aidez vos enfants en leur faisant savoir que la retraite ne leur convient peut-être pas, mais que commencer à épargner tôt peut faire une énorme différence pour leur sécurité financière future.

4. Renforcer les fonds d'investissement dans la formation

La valeur de la formation :

Insistez sur l'importance de la scolarité comme chemin vers des opportunités et une réussite futures.

Pensez à l'augmentation des coûts de l'enseignement supérieur et à la nécessité de commencer à épargner tôt pour couvrir les coûts des études universitaires ou de la préparation à une carrière.

Explorer les options pour les réserves scolaires :

Présentez les plans d'épargne scolaire tels que les plans 529 et discutez de leurs avantages fiscaux et de leur flexibilité.

Exiger des dépôts réguliers sur les comptes bancaires des écoles pour réduire le fardeau des prêts étudiants à l'avenir.

5. Présenter des normes de gestion financière à long terme

Accent sur le point de vue long-courrier :

Transmettre l'importance de la tolérance et de la discipline pour une gestion financière réussie à long terme.

Apprenez à vos enfants à se concentrer sur les bases de la gestion financière et à ne pas se laisser influencer par les fluctuations momentanées du marché.

Différencier les spéculations :

Découvrez les avantages des améliorations apportées à la constitution d'un portefeuille d'investissement solide et à long terme.

Familiarisez-vous avec différentes classes de ressources telles que les actions, les obligations, les terres et les matières premières.

6. Examiner les progrès et modifier les objectifs

Réunions normales d'audit :

Planifiez des enregistrements réguliers pour suivre les progrès vers les objectifs à long terme.
Célébrez les réussites et examinez les difficultés ou les changements nécessaires.
Adaptation aux conditions changeantes :

Permettre une adaptabilité dans l'établissement d'objectifs et la capacité d'ajuster les plans à mesure que les conditions changent.
Apprenez aux enfants à apprendre de leurs erreurs et à apporter des changements fondamentaux pour garder à l'esprit leurs objectifs à long terme.

En intégrant la planification future et l'établissement d'objectifs à long terme dans l'éducation financière de leurs enfants, les parents et les tuteurs peuvent aider leurs enfants à prendre des décisions éclairées et à prendre des mesures proactives vers la sécurité financière et la prospérité dans les années à venir.

Diplôme

Dans l'ensemble, leur enseigner une gestion financière efficace et des connaissances financières est un élément essentiel pour préparer les enfants à un avenir prospère. En leur fournissant dès le départ des préférences et des informations financières saines, les tuteurs et les tuteurs peuvent donner aux enfants les moyens de prendre des décisions éclairées et d'atteindre leurs objectifs à long terme. Voici un résumé des principaux sujets abordés dans ce guide :

Introduction à une solide gestion financière pour les adolescents : Il est essentiel de commencer tôt et de développer les compétences nécessaires à une littératie financière réussie.

Réflexions importantes sur l'argent : Enseigner aux enfants l'épargne, la planification et l'importance de gérer l'argent de manière compétente.

Introduction à une gestion de l'argent puissante : Explorer des concepts d'aventure tels que les paris et les bonus, l'expansion et l'influence des bénéfices auto-améliorés.

Décisions d'investissement pour les adolescents : discuter de diverses décisions d'investissement, des documents d'investissement aux actions et obligations.

Établir des normes d'hypothèse : présentez aux enfants la méthode la plus courante pour créer des comptes de projet et construire leurs projets les plus importants.

Gadgets et ressources pédagogiques : donner accès à des livres, des applications, des ressources en ligne et des projets éducatifs pour faciliter le processus d'apprentissage.

Étapes réalistes pour démarrer une gestion de trésorerie efficace : présenter des conseils rationnels sur la meilleure façon de commencer une planification financière efficace et de diriger réellement les efforts.

Préparer les enfants à leur rôle de dépensiers intelligents : impliquer les enfants avec des idées et des stratégies innovantes pour la prise de décision dans le domaine de la spéculation.

Garder les jeunes à l'esprit pour le cycle d'hypothèses : faciliter l'apprentissage mixte et l'aide dynamique aux décisions d'aventure.

Le métier de tuteur et tuteur : mettre en avant l'importance du leadership parental et contribuer au développement des capacités financières et de la trésorerie nécessaire aux dirigeants.

Planifier l'avenir et fixer des objectifs à long terme : vous aide à comprendre l'importance de planifier l'avenir et de fixer des objectifs réalisables à long terme.

L'intégration de ces lignes directrices dès le début de la vie d'un adolescent peut jeter les bases d'une longue période de réussite et de sécurité financières. En fournissant les informations, les compétences et les leçons nécessaires pour comprendre les complexités du monde financier, les tuteurs et les tuteurs peuvent aider les enfants à prendre des décisions financières judicieuses et à se construire un avenir véritablement prometteur.

Annexe A : Glossaire des termes d'investissement

Fournissez des définitions pour les termes clés du secteur utilisés dans le guide, par exemple :

Étiquette de ressource
susciter l'intérêt
extension
Actifs partagés
Actions
Ficeler
ETF (actifs négociés en bourse)
Portefeuille
Résistance au risque
instabilité

Section de référence B : Aperçu recommandé de la compréhension

Compilez une liste de livres et de ressources sur la gestion financière et l'éducation financière qui conviennent aux adolescents de différents âges, par exemple

« Construire de l'argent : un guide complet sur la gestion financière pour les adolescents » par Gail Karlitz

«Le livre d'argent pour tout ce que les enfants» par Brette Sember

« Le jeune investisseur : projets et exercices pour faire fructifier votre argent » par Katherine R. Bateman

« Le problème de l'argent liquide des ours Berenstain » par Stan et Jan Berenstain

Annexe informative C : Exemple de demande de dossier d'entreprise

Incluez un exemple de formulaire de demande d'ouverture d'un compte de dépôt, indiquant les données requises et les étapes impliquées dans le processus.

Supplément D : Feuilles de travail sur le jeu de spéculation

Fournissez des feuilles de travail ou des modèles pour guider les simulations de projets ou les exercices d'échange de papier afin que les enfants puissent s'entraîner à prendre des décisions d'investissement sans argent réel.

Index E : Actifs et emplacements supplémentaires

Répertoriez les ressources Web supplémentaires, les sites éducatifs et les applications qui proposent des appareils intelligents et des jeux pour améliorer davantage la compréhension des enfants sur la gestion financière et l'argent.

Indice F : Entreprise suivant l'état comptable

Fournissez un exemple de présentation de feuille de calcul comptable pour suivre l'exécution des investissements, y compris des sections pour l'enregistrement des transactions, le suivi de la valeur du portefeuille et le calcul des rendements.

Section de référence G : Règles du Venture Club
Fournir des lignes directrices pour la création d'un club d'investissement familial et établir la structure, les règles et les responsabilités concernant la participation des membres aux opportunités d'investissement conjoint.

Index H : Questions d'actualité régulièrement clarifiées (FAQ)
Répondez aux différents types de commentaires que les enfants peuvent généralement avoir sur une planification financière efficace

et fournissez des réponses claires et concises pour expliquer toute divergence.

Section de référence I : Structure du consentement parental

Incluez un formulaire de consentement parental pour ouvrir des comptes d'investissement ou participer à des activités liées à l'investissement afin de garantir que les parents/tuteurs sont conscients et contrôlent l'implication de leur enfant dans la gestion financière.

Section de référence J : Accord d'entreprise de test

Fournir un exemple de contrat d'investissement illustrant les accords de réalisation de projets pour mineurs, signé par l'enfant et le parent/tuteur.

Ces sections de référence fournissent des ressources, des dispositifs et des conseils supplémentaires pour améliorer le contenu principal du guide et améliorer les opportunités de croissance des enfants et de leurs familles.

CHER LECTEUR, JE VOUS DEMANDE DE LAISSER UN AVIS.
Cela signifie beaucoup

www.ingramcontent.com/pod-product-compliance
Lightning Source LLC
Chambersburg PA
CBHW071209240526
45470CB00018B/1654